Norah Custaud

Prières pour les grands-parents

© 2022, Norah Custaud
Édition : BoD – Books on Demand,
12/14 rond-point des Champs-Élysées,
75008 Paris
Impression : BoD - Books on Demand,
Norderstedt, Allemagne
ISBN: 9782322412327
Dépôt légal : Décembre 2021

PRIÈRES
POUR LES GRANDS-PARENTS

À ma grand-mère qui m'a enracinée dans l'amour du Christ et qui m'a donné le meilleur héritage qu'une petite fille puisse avoir.

I

Dieu de l'amour, nous vous remercions pour nos merveilleux grands-parents. Ils apportent tant de joie et de bonheur dans nos vies.

Merci pour tous les moments spéciaux que nous passons avec eux.

Veillez sur eux, protégez-les et prenez soin d'eux maintenant. Qu'ils découvrent votre bonté et votre amour pour toujours.

Amen

II

Père céleste, veuillez bénir mes grands-parents.

Merci pour l'amour qu'ils ont donné à mes parents et pour la vie, l'affection et l'attention qu'ils me donnent aujourd'hui.

Je rends grâce pour leur aide et leur soutien et parce qu'ils m'aiment quoi qu'il arrive.

Permettez-leur de vieillir paisiblement malgré le poids de la vie. Qu'ils continuent à avoir confiance en votre amour infini et qu'il les accompagne durant les années. Qu'ils gardent un cœur plein de ferveur et d'espérance de voir votre Gloire un jour !

Amen

III

Seigneur, en tant que grand-mère ou grand-père. Je prie pour que dans votre miséricorde, vous veillez et protégiez mes petits-enfants comme vous m'avez toujours protégé.

Que mes petits-enfants aient une belle vie, sainte et ancrée sur la parole de Dieu.
Qu'ils puissent réaliser tous leurs rêves et de fonder, un jour, leur propre famille.

Seigneur que votre volonté soit faite maintenant et pour toujours.

Amen

IV

Lorsque mes grands-parents ont besoin de force, rappelez-leurs que le Seigneur est le seul guérisseur qui peut les fortifier de manière infinie.

Lorsque leurs cœurs sont centrés sur Dieu, sa Parole et le Saint-Esprit, ils peuvent être assurés qu'Il dirigera leur chemin.

Père céleste, je prie pour que votre force guide mes grands-parents, que votre puissance les soutienne et que votre sagesse les guide. Que votre main soit sur eux et votre bouclier les protège contre les attaques de l'ennemi !

Amen

V

Seigneur, nous vous remercions pour tous les grands-parents.

Leur amour et leur sagesse nous ont aidés à devenir qui nous sommes aujourd'hui. Grâce à leurs conseils et à leurs prières, nous sommes devenus des gens meilleurs en apprenant à respecter et à aimer les autres.

Bénissez-les avec une longue vie et apprenez-nous les moyens de les honorer et de leur montrer combien leur présence est indispensable dans nos vies en tant que piliers de la foi et détenteurs des valeurs de chaque famille chrétienne.

Amen

VI

Seigneur, tu es notre refuge impénétrable et notre force puissante. Tu es une aide toujours présente dans les moments difficiles.

Je viens devant toi, Seigneur, cherchant ta vigilance auprès de nos grands-parents, alors qu'ils font face aux contraintes physiques et à l'affaiblissement des facultés mentales qui accompagnent le vieillissement.

Par ta miséricorde protège-les des accidents et des maladies qui peuvent rendre les années qui leur restent difficiles. Garde-les des personnes de mauvaises intentions qui pourraient profiter de leurs faiblesses.

Seigneur, permets qu'ils vivent leurs dernières années dans la sérénité, la dignité et le réconfort grâce à ta protection et ton amour sans fin.

Amen

VII

Seigneur, miséricordieux, nous avons parfois commis des erreurs involontaires envers nos enfants et nos petits-enfants. Des erreurs qui nous hantent et des années de regrets qui nous imposent un lourd fardeau et nous empêchent de renouer les liens avec nos enfants.

Nous nous présentons devant le Seigneur, notre père, en lui offrant nos peines et nos erreurs. Nous savons que tu peux transformer ces épreuves en source de grâces. Seigneur, permets que nous sentions ton pardon et que nous retrouvions confiance en tes promesses.

Accorde-nous la force, la sagesse et l'amour nécessaire pour profiter de nos dernières années en réparant nos relations avec nos enfants et nos petits-enfants.

Donne-nous un cœur nouveau plein de tendresse pour les accepter tels qu'ils sont, les comprendre et les écouter avec bienveillance et humilité.

Amen

VIII

Seigneur, nous t'implorons afin que tu bénisses nos grands-parents, que tu les protèges du mal et que tu leur apportes la paix.

Toi, qui as le pouvoir de leur donner la grâce pour qu'ils surmontent toutes les difficultés auxquelles ils sont confrontés au quotidien.

C'est pour cela, nous te présentons cette intention de prière pour nos grands-parents :

Père céleste, nous te remercions pour nos grands-parents. Nous prions pour que vous remplissez leur cœur d'espérance et de confiance.

Nous prions que leur séjour sur terre soit rempli de grâces et de joies. Soutiens-les dans leurs faiblesses ainsi que dans les moments de solitude et d'incertitudes. Rassure-les devant les épreuves et apaise leurs souffrances.

Guide-les afin que ta volonté soit faite dans leur vie maintenant et pour toujours.

Amen

IX

Nous prions pour nos grands-parents qui devraient subir une opération chirurgicale ou qui sont confrontés à de graves maladies. Seigneur donne le discernement aux médecins afin qu'ils prennent les bonnes décisions concernant la santé de nos grands-parents et guide avec habileté leurs mains durant l'intervention.

Seigneur Jésus, nous demandons ton intervention pour aider nos grands-parents à affronter leurs maladies avec confiance et courage.

Nous invoquons les grâces de guérison pour nos grands-parents souffrants afin qu'ils soient guéris au nom de Jésus-Christ.

Amen

X

Père céleste, source de tout amour et de toute miséricorde. Regarde avec bienveillance nos grands-parents frappés par la maladie. Adoucis leurs souffrances et guéris-les selon ta volonté.

Renforce leurs cœurs dans la prière, pour qu'ils restent en communion avec toi, et qu'ils aient le courage et la force nécessaires pour tenir dans l'épreuve.

Seigneur, médecin du ciel, accorde la santé parfaite à tous les grands-parents malades qui ont mis en toi leurs confiances.

Amen

XI

Ô Seigneur, être des grands-parents est un don que tu nous as donné. Nous te rendons grâce et nous te louons pour ce don précieux :
« Les petits-enfants sont la couronne des personnes âgées » (Pr 17, 6).

Apprends-nous à être de bons grands-parents pour nos petits-enfants. Que nous sachions leur exprimer notre affection et notre soutien dans un monde qui s'éloigne de l'enseignement de Dieu.

Que nous puissions à travers notre foi et notre sagesse les ancrer dans ton amour et les protéger des égarements du monde extérieur.

Seigneur, nous te demandons de nous accompagner sur ce chemin de la grande-parentalité dans l'humilité, la patience et la confiance.

Amen

XII

Père tout puissant, vous prenez soin de vos enfants avec amour et vous répondez à nos besoins.

Vous êtes notre force et en vous seul, nous trouverons notre vraie paix intérieure, notre bonheur et notre salut.

Alors que mes grands-parents luttent avec leurs corps vieillissants, prenez soin de leurs santés et accordez-leur la force suffisante pour accepter leurs dépendances physiques.

Seigneur, nous te confions nos grands-parents qui commencent à vieillir.

Guide-nous pour que nous puissions autant que nous pouvons leur apporter la joie et la présence dont ils ont besoin pour mener une vie paisible loin des inquiétudes superflues.

Amen

XIII

Seigneur Jésus, tu nous as aimés d'une manière incommensurable en acceptant de souffrir et de mourir sur la Croix pour nous sauver.

Que nos grands-parents se réveillent chaque matin en ressentant ton amour inconditionnel.

Remplis leurs jours avec ta présence réconfortante et leurs nuits de ton espérance surtout lorsque les sentiments de solitude les envahissent.

Ainsi soit-il

XIV

Seigneur, je suis une grand-mère anxieuse qui s'inquiète et prie pour mes petits-enfants. Ils sont confrontés à une vie pleine d'obstacles, de dangers et de problèmes difficiles dont ils ne sont pas toujours conscients.

Je te supplie de les prendre sous ta protection paternelle et de les guider pour qu'ils continuent à observer tes commandements et à aimer leurs prochains comme tu nous as appris.

Quant à moi, guide-moi pour que je puisse toujours les entourer de mes soins et de ma tendre sollicitude.

Amen

XV

Nous te remercions pour nos grands-parents qui ont joué un rôle si important dans nos vies.

Nous nous souvenons avec joie de tout le temps passé ensemble à faire des choses simples comme la pêche, faire un puzzle, faire des biscuits, faire une promenade, lire une histoire et découvrir les merveilles de la nature.

Nous sommes chanceux d'entendre leurs histoires de vie qui nous ont inspirés à travailler dur, à être patients, à endurer courageusement les moments difficiles et à oser suivre nos rêves.

Nous sommes éternellement reconnaissants du soutien qu'ils

transmettent lorsque nous avions l'impression que notre monde s'effondrait.

Seigneur, nous te demandons pardon pour les moments où nous n'avons pas apprécié nos grands-parents, pour les moments où nous étions trop absorbés par nous-mêmes et nos propres activités au lieu de passer plus de temps avec eux.

Aide-nous à devenir comme eux à mesure que nous vieillissons, en apprenant à accepter avec grâce les limites de notre corps qui vieillit et à affronter avec dignité et assurance, la mort qui adviendra un jour.

Aide-nous à suivre leurs exemples quand nous deviendrons à notre tour des grands-parents.

XVI

Seigneur, nous venons te confier nos petits-enfants. Ils sont la promesse de demain.

Donne-nous un cœur plein de tendresse pour les accueillir, les écouter, les comprendre et dialoguer avec eux. Garde nous attentifs à ce qu'ils vivent.

Souffle sur chacun de nous, ton Esprit Saint : qu'il nous inonde de ton amour, de ta sagesse et de ta force.

Seigneur, nous t'offrons nos peines, nos pauvres santés, toutes les limites qui s'imposent progressivement à nous.

Nous te remercions encore pour toutes les grâces que tu nous as accordées, toi qui ne cesses de nous donner bien au-delà de ce que nous espérons.

Amen

XVII

Seigneur Jésus, tu as voulu grandir dans un foyer et tu as connu la chaleur et la tendresse des liens familiaux.

Nous te confions nos enfants et nos petits-enfants. Apprends-nous à les entourer avec amour et joie sans aucun égoïsme de notre part. Garde l'unité entre nous.

Que notre amour les aide à découvrir que tu les aimes en toutes circonstances.

Veille sur tous les foyers chrétiens qui nous entourent et rends-les accueillants par l'action de l'Esprit-Saint.

Amen

XVIII

En vieillissant, Seigneur, nous nous rendons compte que nous ne pouvons plus faire la plupart des choses que nous avions l'habitude de faire.

Nous te supplions Seigneur, de nous épargner d'une immobilité physique prolongée, des souffrances ou d'une grave détérioration mentale.

Permettez-nous de vivre une vie digne sans maladie pendant les années qui nous restent afin que nous puissions continuer à être une bénédiction pour les personnes autour de nous.

Amen

XIX

Notre Père, vous êtes toujours fidèle et votre amour ne nous a jamais manqué.

Je vous présente mes soucis et mes angoisses. Je sais que vous veillez sur nous avec amour. Je mets entre vos mains le bien-être physique et spirituel de mon conjoint, de mes enfants et de mes petits-enfants.

Je m'en remets à vous et je continue à puiser ma force et ma confiance dans ta promesse que tout est possible pour toi.

Amen

XX

Seigneur, je te rends grâce pour mes grands-parents. Ils ont toujours été un soutien et un encouragement si particuliers pour moi durant mon enfance et même aujourd'hui en étant un adulte.

Ils m'ont tellement donné, leur affection, leur tendresse et leurs bons conseils, sans jamais me juger. Ils étaient toujours un grand soutien pour moi, bienveillants, patients et compréhensifs.

Je te remercie pour le merveilleux exemple qu'ils m'ont été tout au long de ma vie, des grands-parents pieux qui aiment Dieu avant tout. Ils ont su me transmettre la foi catholique qu'ils m'ont appris à prier et à me tourner vers toi, dans toutes les circonstances de ma vie.

Seigneur, maintenant qu'ils vieillissent, je te prie de garder tes bras aimants autour d'eux et de les protéger de tout mal et de leur donner tout ce dont ils ont besoin.

Amen

XXI

Père, tout puissant, vous qui donnez la santé et vous qui guérissez nos maux physiques et blessures émotionnelles.

Je viens vers vous, en vous suppliant de garder mes grands-parents en bonne santé pour que nous puissions continuer à vivre avec eux d'une manière sereine et heureuse.

Et s'ils sont un jour hospitalisés, que les soignants veillent bien sur eux afin qu'ils récupèrent vite et puissent avoir un séjour le plus paisible possible à l'hôpital, malgré le cadre stressant et le fait qu'ils soient loin de leurs proches et de leur environnement.

Je vous rends grâce, vous qui êtes le seul donneur de la vie et le seul guérisseur des hommes.

Amen

XXII

Père tout puissant, je vous confie mes grands-parents qui nous ont quittés de cette vie terrestre.

Qu'ils puissent se reposer dans vos bras paternels. Merci de veiller sur nos familles durant ces moments difficiles.

Que la vierge Marie et tous les saints accueillent nos grands-parents dans votre royaume. Que vous puissiez leur pardonner leurs péchés qu'ils ont commis sur cette terre :
« Et j'entendis du ciel une voix qui disait : Écris : Heureux dès à présent les morts qui meurent dans le Seigneur ! Oui, dit l'Esprit afin qu'ils se reposent de leurs travaux, car leurs œuvres les suivent. » (Ap 14, 13)

Amen

XXIII

Seigneur, je vous demande de rétablir la santé de ma grand-mère, de mon grand-père.

Veillez sur eux qui sont dans un lit d'hôpital. Envoyez vos anges pour les soutenir et les guérir.

Permettez que je puisse vivre encore quelques années avec eux. Je sais que la mort est une réalité inévitable mais tout ce que je demande, c'est de pouvoir passer plus de temps avec mes grands-parents et approfondir nos liens affectifs qu'ils ont créé durant toutes ces années.

Seigneur, j'ai confiance en toi et je sais que tu écoutes mes prières.

Amen

Photo de couverture
Pexels Image @cottonbro
omycotton.com